AF280945

Herstellung und Verlag:
Books on Demand GmbH, Norderstedt
ISBN: 978-3-8370-9300-1

Dieses Buch möchte ich all jenen Widmen,
die immer zu mir standen und für mich da
waren, so wie Björn, Claudia und all jene, die
in meinen Texten angesprochen werden.
Ich bin froh, dass es Euch gibt, denn ihr
schenkt mir immer wieder Kraft.
Danke!!!

Steffi

Inhaltsverzeichnis

Dir Gewidmet

Halt mich,

denn ich brauche dich.

Du bist der,

der verhindert,

dass mein Herz zerbricht.

Du warst da,

als alles verging.

Und du bist der Grund,

dass ich nun endlich

- glücklich bin.

Weißt du wer ich war?

Du fragst mich,

wer ich bin

doch schenke mir einen Moment

und ich zeige dir, wer ich war…

Ich habe viele Namen, bin die Dunkle, der Engel, Liebe und Hass, die Vergangene und dennoch das Mädchen der Zukunft, doch nenne mich Mariannah, wenn du mich mit einem Namen benennen magst.

Einst war ich ein Engel, in die Welt gesandt das Glück zu bringen, doch lange ist es her… Meine ersten 10 Jahre in dieser Welt waren schön, friedlich, keine Sorgen betrübten mein junges Herz, die Schmerzen der Menschen waren mir fern. Ich wurde geliebt, lebte fröhlich in den Tag hinein, glaubte damals nicht, dass alles je sollte anders sein…

Doch wer ist schon ewig glücklich? Ich war nicht wie die anderen sind, schien ihnen weit fort, und war doch immer noch fremd, ich musste das Dorf verlassen, Freunde fingen an zu hassen, und mein gläsernes Herz zerbrach:

Du bist nicht wie wir,

sieh dich mal an,

was haben wir denn hier?

Keine Freunde hast du?

Nun, was sollen wir da tun?

Können nur lachen,

kannst uns doch nix tun…

Und so ging ich fort, wollte Niemanden mehr von ihnen sehen, wollte alles vergessen doch wie? Wie sollte ich jene vergessen, denen ich einst vertraut habe? Wie sollte ich die Schmerzen vergessen, die tief in meinem Herzen Wunden und Narben hinterließen?

Viele Jahre würden vergehen müssen, bis ich mit jenen wieder reden würde können, viele Jahre würden es sein müssen, bis ich wieder vertrauen kann, doch all das werde ich dir erzählen, danach urteile selbst, wer ich nun bin…

Doch Schmerzen und Trauer sollten mein Herz nicht verlassen, ich verließ zwar das Dorf, doch die Erinnerung nahm ich in meinem Herzen mit mir. Es waren nicht die Schwingen, die hoch in den Himmel ragten, die mich von ihnen unterschieden, auch nicht das Licht in meinem Herzen unterschied mich, es war das Vertrauen gewesen, dass ich ihnen geschenkt habe und welches mich so tief fallen ließ.

Schwingen und Licht verschwanden, nach langer Reise erreichte ich nun den neuen Ort, Silienta, so anders war es, und doch ein Dorf wie jenes, dass ich verlassen habe. Welch seltsame Wesen ich hier traf.

Die vielen Eindrücke überwältigten mich, ich verkroch mich in mich selbst, ließ Niemanden an mich heran, baute Mauern und verbarg mich hinter Masken, Keiner sollte je mein geschundenes Herz erblicken, Niemand mich je erreichen.

Doch hast du je die Kälte gespürt, die sich wie ein Schleier um dich legt, wenn du einsam bist? Hast du je gefroren im Sommer? Ich fror erbärmlich in meiner kleinen Burg…

Die Burg,

Sie war umgeben von Licht,

doch die Mauern ließen es nicht ein,

die wärmenden Strahlen der Sonne,

wichen vor den kalten Mauern zurück,

es würde so lange dauern,

bis eintritt, das Glück….

Aber hast du jemals die schmeichelnde Dunkelheit gesehen, die das Herz einzuhüllen vermag? Sie bedeckt das Herz, schenkt Kraft und Trost…

Ich ließ ihn, Boreas ein in die Burg, er war mir willkommen, er, der Dunkle, der mir so vieles zu zeigen vermochte, ich schenkte ihm mein Herz und er mir seine Kraft. Er zeigte mir eine Welt die ich nicht kannte, so nahe am Abgrund wandelten wir, immer mit der Gefahr hinabzustürzen, doch wie viel tiefer konnte ich denn noch stürzen? Ein Engel der alles verloren hatte, nein, er war da und das zählte, er gab mir Kraft, und wann immer er diese, Eure Welt verließ, saß ich bei ihm und wartete.

Lange wartete ich, doch der Abgrund war es, der uns immer trennen sollte.

So oft rettete er sich in die andere Welt, so wenige wollten ihm helfen sich davon zu lösen und so verließ er Silienta, verließ mich und versprach zurück zu kehren, doch nie wieder sah ich ihn…

Unscheinbar ist der Abgrund,

so nah,

und dennoch unwirklich,

für den, der davor steht!

Die Gefahr nicht wahrnehmend

schlagen sie jede Warnung in den Wind,

kommen dem Abgrund näher, stürzen ab!

Nur wenige haben das Glück Freunde zu haben,

von denen sie nicht aufgegeben wurden.

Andere fallen,

um nie wieder aufzustehen.

Und so fiel auch ich hinab in den Abgrund, fiel, weil er nicht zurückkehrte, seine Worte „Ich werde zurückkommen, warte auf mich" nur eine Lüge gewesen waren…

Ich wandelte alleine in der Dunkelheit, ich wollte sie nicht mehr verlassen, wollte das Licht nicht sehen, dass die Burg umgab, nein, diese Welt gefiel mir nicht, wo war denn die Liebe? Wieso gab es kein Vertrauen in dieser Welt? Es schien so wenig Glück zu geben, so wenig Liebe, nur die Dunkelheit schenkte mir Geborgenheit, nur die Dunkelheit gab mir noch Kraft und ich war Stark geworden, Boreas hatte mir viel Kraft geschenkt und Mut, er hatte mich nicht völlig alleine gelassen wie ich glaubte, hin und wieder hörte ich seine Stimme, wie er sanft zu mir sprach, erklärte, es ginge ihm nun besser und ich solle nicht mehr trauern um ihn…

Und so tat ich, wie er mir geheißen, ich vergaß ihn nicht, würde ihn wohl nie vergessen, doch ich ließ auch andere in meine dunkle Burg hinein, lud sie ein mich kennen zu lernen, auch Arthag kam, schenkte mir mein Lächeln zurück, zeigte mir die Sonne, gemeinsam bekämpften wir katzenfressende Hühner, waren glücklich zusammen.

Doch das Glück wurde von Schatten getrübt, mein Großvater starb, so sehr liebte ich ihn, so tief riss es mich wieder hinab.

„Ich will auch einmal in den Himmel"

hatte ich einst ihm gesagt, ein Engel war ich einst, goldblonde Locken zierten mein Haupt, doch keine Schwingen trug ich mehr, die mich in den Himmel würden tragen können, keine Macht gab es, die ihn mir zurückbringen konnte, nur die Liebe würde niemals vergehen, die Erinnerungen an ihn würden immer bestehen.

So waren 16 Jahre in dieser Welt vergangen, das einst so zarte Herz trug viele Narben, doch immer wollt ich vertrauen können, suchte in den Herzen der Menschen nach Liebe…

Einst Jung, so unverkennbar schön,
eine Hülle so fein, zerbrechlich und klein,
Das war es einst,
gewandelt hat sich das sein,
nun ist es nur noch, zerbrechlich und klein,
übersäht von Narben,
winzige Wunden überall,
blutet es langsam,
mal mit, mal ohne Qualen,
der einzige Balsam, der es heilt,

ist die Liebe, die Freundschaft,

eine schöne Erinnerung, die ewig bleibt.

Aber schöne Erinnerungen konnte ich nicht sammeln wie Münzen, sie kamen nicht einfach herbei geflogen und noch immer hatte ich Boreas nicht vergessen, doch Arthag war da, er hielt mich, schenkte mir Liebe und Freundschaft, ließ einige der Wunden heilen und entriss mich der Kälte, es war ein Sommer ohne Herbst dahinter, es war unser Sommer doch ein kalter Winter sollte folgen und wieder war ich alleine, verzog mich in meiner Burg, auch er war gegangen, blieb in der Gegend, doch war ich enttäuscht, wollte ihn nicht wieder sehen, er hatte mein Herz nicht gewollt, also wollte ich ihn nicht mehr sehen, damals zumindest nicht mehr.

Ja, auch ich ließ mich von meinen Gefühlen leiten, sie waren wie der Wind und ich wie eine Feder die vom Wind getrieben wurde, und so trieb ich dahin, aber was waren schon meine kleinen Liebesprobleme, wenn ich heute zurück schaue? Es war eine schöne Zeit, ein wunderschöner Sommer und ich wollte diese Zeit in meinen Erinnerungen nicht missen…

Doch jedes Mal wenn ich glaubte ich verliere, war da jemand, oft war es Boreas, dessen Stimme mich aus meinem Selbstmitleid heraus riss, oft aber fühlte ich mich leer, einsam, doch ich selbst war es, die die Einsamkeit erwählt hatte, ich wählte sie zu meinem ständigen Begleiter…

Einsam sitzt Sie auf dem Felsen,
traurig und getrübt ihr Blick,
schaut sie zurück was mal war,

was als Nebel noch da,

doch zerrinnt die Erinnerung,

hinterlässt ihre Leere,

so bleibt sie zurück,

und schaut ins Nichts..

Und ich fing wieder an zu Leben, die Dunkelheit in meinem Herzen aber wollte ich nimmer mehr missen, sie war Teil meiner Selbst geworden, die Quelle meiner Kraft, wieder ging ich auf reisen, ich wollte neues sehen und erleben, doch nach Silienta würde ich wiederkehren, es war meine Heimat geworden, es war ein Ort an dem ich mich wohl fühlte, hier sagte Niemand etwas, einige fürchteten mich, die Dunkle, doch Niemand wagte etwas zu sagen, glaubten sie doch, dass nichts gutes in meinem Herz lag, ahnte doch Niemand, wie sehr ich mich danach sehnte Liebe zu finden. Ich gab soviel, ich lernte auf meinen Reisen viele Wesen kennen, ein Mädchen welches ich erwähnen sollte war Nicola, armes kleine Nicola.

Ihre Geschichte solltet ihr noch kennen, denn ich werde sie niemals vergessen, ich lernte sie lachend kennen, ahnte nicht wie traurig auch ihr Herz war.

Sie fürchtete das Leben, glaubte Niemand könne sie lieben und so versuchte sie zu fliehen, versuchte zu gehen, doch etwas hielt sie letztlich immer hier. Es brach mir das Herz, ihr nicht helfen zu können, ich wollte sie halten, ihr einen Teil meiner Kraft geben, doch immer weder versuchte sie diese Welt zu verlassen…

Abschied

Einsam sitzt **sie** am Rand einer Lichtung. Alleine war **sie** dorthin gekommen.. Alleine?

Nein **sie** trug tiefe Trauer in **ihrem** Herzen, war her gekommen, um nach zu denken, um zu erkennen, ob **sie** noch helfen konnte. Aber helfen? Wie denn helfen, wo *sie* sich doch schon selbst aufgegeben hatte? Aber auch aufgeben? Wie kann man eine *Freundin* aufgeben, wo doch das Band der Freundschaft noch immer fest verknüpft? **Ihre** Augen sind gefüllt mit Tränen, mit Verzweiflung und Hilflosigkeit. Hatten sie doch immer gemeinsam gekämpft, immer gemeinsam geträumt und nie allein gewesen.. Bis jetzt.. Jetzt wollte *sie* gehen, denn sah *sie* keinen Sinn mehr in dem Leben, wollte Abschied nehmen, und diese Welt verlassen. Aber hatte *sie* das Recht dazu alle anderen im Stich zu lassen? Es fiel **ihr** schwer, die Entscheidung der *Freundin* zu akzeptieren, dass *sie* einfach los lassen will, einfach so sich nicht mehr aus der Trostlosigkeit befreien will. Aber warum? Ist es nicht die Leere in *ihr* , die *ihr* so weh tut? Und versuchten sie nicht eben diese Leere mit ihrer Freundschaft zu füllen? Langsam erhebt **sie** sich wieder.. weiß keinen Rat, findet hier keine ruh.. verlässt diesen Stillen Ort wieder und hofft, dass es einen Weg gibt, ohne Abschied zu nehmen..

Was aber aus ihr geworden ist, weiß ich nicht, ich hörte, sie sei endlich glücklich geworden, doch sicher weiß ich es nicht, aber sie gehört zu jenen, denen mein Herz gehört, warum ich dir auch ihre Geschichte erzähle fragst du mich?

Weil mein Herz mit ihr gestorben wäre, hätten wir den Kampf gegen die Leere in ihr endlich verloren…

Ich aber kehrte zurück nach Silienta, noch immer lag Dunkelheit in meinem Herzen, kaum jemand verstand dies Dunkle, wollte es verstehen, doch die wenigen, die durchdrangen wurden niemals enttäuscht von mir, Cassi lernte ich hier kennen, er drang durch zu meinem Herz, er selbst trug auch Dunkelheit im Herzen, ihn habe ich nie verloren, er war einfach da, er hielt mich, wenn meine Träume zerbrachen, war da, wenn ich am verzweifeln da und nie gaben wir den Kampf um unsere Freundschaft auf, was immer auch geschah, wenn ich mich einsam fühlte, er war für mich da, wenn wir einander auch selten sehen, so weiß ich , in meinem Herzen ist er nie fern, was auch geschieht vergessen wird ich ihn nimmer …

Die Wunden in meinem Herzen wurden kleiner, die Narben aber verschwanden nie, sie sind Erinnerungen an das was gewesen war, einige Wunden heilten schneller, andere aber stören mich heute noch manchmal.

So viele Menschen traf ich auf meinem Weg, dass ich nicht weiß, ob ich all jene aufzählen soll, die mir begegneten, ich wüsste nicht, bei wem ich beginnen und wo ich enden sollte.

So vieles berührte mein Herz, so oft verlor ich, und doch bin ich aus jedem Abgrund gestärkt hervorgegangen, ich wollte nicht abstürzen, wollte nicht am Boden bleiben, mir waren die Menschen zu wichtig gewordne, endlich schien ich meine Aufgabe gefunden zu haben, einen Grund hier zu verweilen, soviel Liebe wie in meinem Herzen lag, soviel Kraft die Boreas mir geschenkt hatte, ich wollte anderen helfen, ob Mensch ob Tier es war mir gleich, ich wollte meine Kraft teilen und musste lernen, dass ich ausgenutzt werde. Die Kraft wollten viele, aber nur wenige wollten auch mich kennen lernen, viele fürchteten sogar die Kraft, andere versuchten sich meine Freundschaft zu erschleichen, damit ich ihnen zu diensten bin, so musste ich lernen wahre Freunde von den falschen zu erkennen, aber eigentlich kann ich es noch immer nicht.

Tiere aber nutzen einen nicht aus, ich schenkte ihnen mehr Liebe als den Menschen, trauerte um ein jedes Tier, dass in meinen Armen starb, kämpfte um die kleinen Seelen und musste hilflos sehen, wie sie davon gerissen werden…

Und wieder fehlten die Schwingen, um ihnen zu folgen, die Schwingen die mich tragen würden zum Himmel hinauf, jene zu Grüßen, die in meinem Herzen sind…

Einer von denen, die nur Macht und Schönheit in mir sahen war Merinid, ich rettete ihn aus der Dunkelheit, lernte ihn ebenfalls in Silienta kennen und hätte niemals geglaubt, dass ein Sterblicher fähig ist, ein Herz so sehr zu verletzen, wie er es getan hat, ich schenkte ihm Kraft, schenkte ihm meine Liebe, ich gab ihm alles was ich hätte geben können und es war ihm doch nicht genug, er wollte besitzen, war eifersüchtig und konnte nicht sehen, dass ich doch Leben wollte.

Ich ertrug es nicht, verließ ihn, wann immer wir uns nun sehen liegt Zorn in unseren Herzen, er wird niemals erfahren, wie sehr er mich einst verletzt hat, wie tief enttäuscht ich gewesen bin, kein Mann sollte mein Herz je wieder besitzen, kein Mann hat mir je Glück gebracht, ich wollte nicht mehr Lieben, wollte mich nicht neu verlieben, nicht neu verletzt werden, so floh ich aus Silienta, floh zum Meer um mich wieder zu finden, mein Herz zur Ruhe zu bringen, so voller Zorn und stillen Schmerzen wie es war..

Sie steht auf dem Deich,
der starke Wind treibt ihr Tränen in die Augen,
Sie fühlt sich so leicht,
lässt ihre Gedanken treiben.
Fliegt mit dem Wind übers Meer,
dann streift etwas ihre Hand,
sie kehrt zurück,
fühlt sich glücklich,
doch ist sie irgendwie leer.

18 Jahre weilte ich nun in dieser Welt, am Meer blieb ich nicht lange, es zog mich doch immer zurück nach Silienta…
Doch endlich sollten auch schöne Tage folgen, Arthag und ich fanden wieder zueinander, ich hatte nicht geahnt wie sehr

ich ihn vermisst hatte, und doch.. ich vertraute ihm wieder, ließ ihn wieder ein in mein Herz und traf ihn oft, wir sprachen viel, aber was er erhalten konnte war ihm genug, mein Herz wollte er nicht, so verließ ich ihn, als ich endlich die Liebe fand, nie mehr möchte ich meinen Liebsten missen, er ist alles geworden für mich, was ich für ihn fühle kann erklären kein Gedicht…

Aber ich sollte nun endlich auch Freunde finden, Jan und Athanasie mussten wohl anfangs glauben ich spinne…

Es begab sich, dass für ein Fest von allen Bewohnern verlangt wurde etwas beizutragen, zunächst wollte ich, wie sollte es auch anders sein, alleine arbeiten, doch es ergab sich, dass wir als Gruppe unser Werk begannen.

Doch wie es kommen musste, man verweigerte uns den Beifall, die Annerkennung, war ich noch immer zu dunkel für die anderen Wesen? Waren Jan und Athanasie nur zwei Menschen, die besonders mutig waren, dass sie trotz der Dunkelheit mit mir zu arbeiten wagten? Loswerden würden sie mich wohl nicht mehr, als die arbeit schon längst beendet war, man uns keine Anerkennung zollen wollte, konnte ich nicht loslassen, ich wollte nicht wieder in der Einsamkeit entschwinden.

Viele Abende philosophierte ich mit der zierlichen Athanasie, über die Welt, die Liebe, über so viele Dinge und im Herzen wurde sie mir immer wichtiger. Ob sie weiß, wie wichtig sie mir ist? Ich weiß es nicht, ich genieße die Gespräche mit ihr, die Abende, an denen wir zu keinem Ende kommen, die Wirren der Gedanken durcheinander fliegen und doch nicht gelacht wird, über die Gedanken, die uns bewegen… .

Eine weiße Lilie schenkte ich ihr, weiß, weil sie rein ist, wie die Freundschaft, die ich ihr gerne schenken würde rein sein soll, denn nichts als Ehrlichkeit hat sie verdient…

Aber ich fing an Jan zu vertrauen, auch mit ihm sprach ich gerne, fing an die, gemeinsamen Abende zu genießen, nicht so, wie ich die Abende mit meinem Liebsten genieße, er wurde ein Freund, den ich nur ungern missen würde…

Die rote Lilie schenkte ich ihm, denn er hat mir gezeigt, dass ich Vertrauen kann, das Herz auch trotz Narben noch lachen kann…

Und wer immer je das Wort erhebt,

In meiner Gegenwart es gegen Euch geht,

sollte in Acht sich nehmen,

denn wenn ich einmal mein Herz verschenkt,

in Freundschaft versenkt,

will ich beschützen,

die die ich mag..

So zogen 20 Jahre ins Land

Und nun Frage ich dich…

Wer bin ich?

Bin ich jene die fiel in den Abgrund hinab?

Jene die ihr Herz dem Falschen gab?

Oder jene, die oft fiel, all dies tat und deren

Herz völlig vernarbt, aber mit einem Lächeln

im Gesicht dir diese Antwort gab?

Clara

(ein Text zu www.silienta-logd.de)

Stumpf waren die einst güldenen Haare geworden, brüchig klang die Stimme, als die junge Frau ihre Geschichte zu erzählen begann:

„Ich war einst eine der Schönsten in unserem Ort, diese Schönheit sei das Erbe meiner Mutter, erzählte man mir, aber ich wusste es nicht, habe ich sie doch nie kennen gelernt. Mein Vater sprach nie über sie, die Leute aber flüsterten, sie hätte jedem Manne den Kopf verdreht, so wie auch ich. Ich habe es wahrlich genossen, aber bald sollte ich erkennen, was das wahre Erbe war, warum Vater nie über sie sprach, und weshalb sein Blick wenn er mich liebevoll anblickte beinahe vor Schmerzen brach.

29

Nacht für Nacht brach es aus mir heraus, all diese Jünglinge erinnerten sich an nichts mehr, wenn sie des Morgens erwachten. Ihre Verwirrungen steigerten sich zu Angst, Furcht. Und außer mir schien nur mein Vater zu wissen , was es war… .

Vater, nie machte er mir einen Vorwurf, wenn ich einen dieser gesellschaftlichen Anlässe mit einem jungen Mann verließ, oder wir nur für wenige Stunden im Garten verschwanden. Ahnte er, dass ich nichts dagegen tun konnte? Dass ich es tun musste?

Man sprach über mich, raunte, dass ich wie meine Mutter sei, und doch habe ich sie nie kennen lernen dürfen.

Dann schickte er mich fort, Vater wollte dass ich gehe, er gab mir Schmuck, Gold und Kleider, er befal einigen seiner Wachen mich zum Schutze zu geleiten. Aber auch die waren nur Männer, verfielen meinem Zauber wie all die anderen zuvor, wie sollte ich denn je diesen Fluch brechen, wenn ein jeder Lüstern mir verfiel?

Ich entließ sie, beinahe erleichtert stimmten sie zu, wo sie danach hingegangen sind, ich weiß es nicht, aber zurückgegangen sind sie sicherlich nicht…"

Einen Moment schwieg die junge Frau, schloss die Augen um sich zu erinnern, leise sprach sie dann weiter

„Ob mein Geliebter Vater noch lebt vermag ich nicht zu sagen, mein Herz hofft es, wünscht es sich und sehnt danach ihn wieder zu sehen. Aber dies ist nur meine Hoffnung, mein Wunsch… .

Viele Jahre habe ich nicht mehr die Sonne gesehen, wie sie unser Meer in ihr rotes Licht tauchte, so oft saß ich Nachts am Strand, wenn ich von den Jünglingen nichts mehr zu nehmen fähig war, wenn diese schliefen, im schlaf vergaßen was gewesen ist... .

Jeden morgen erwachte die Sonne und mit ihr erneut mein Verlangen, welches ich am Abend zu stillen pflegte.

Aber seit ich fort musste, habe ich die wärmenden Strahlen meiner Sonne nicht mehr gespürt, nicht mehr den kalten Sand unter meinen Füßen, wenn ich fiebrig heiß dorthin kam, der laue Abendwind mit meinem Haar spielte, meine heiße Haut abgekühlt wurde von den sanften Wellen des Meeres gestreichelt wurde. So lange ist es her, und mir ist, als wäre es erst gestern gewesen, dass ich dort gewesen bin.

Viele Jahre zogen ins Land, ich habe unseren, meinen Strand nicht mehr gesehen, all die Länder in denen ich später gewesen bin erschienen mir kalt. Nirgends waren die Strahlen der Sonne so, wie die der meinen, nirgends die Strände so sanft, aber überall gab es Männer, Männer, die auf die Schönheit hereinfielen, die geblendet wurden von den Kurven meines Körpers, als hätte das sanfte Meer selbst sie gestaltet, die güldenen Haare, so als wären es die Strahlen der Sonne am Strand, dem verfielen sie, merkten nicht, wie sie sich selbst ins Unglück stürzten und ich mich selbst mit ihnen. Sie taten mir leid, aber es war so tief in mir, dass ich es wann immer ich die Gelegenheit hatte, tat. Bald schon nannte man mich Hübschlerin, aber auch sehr viel schlimmere Namen wurden mir gegeben. Einige glaubten ich sei eine Hexe, welche den Männern ihr Lebenselixier nahm, oh, wie nahe kamen sie doch der Wahrheit mit ihren Vermutungen, aber aufgedeckt wurde es nie.

Und immer ging ich fort, bevor meine Gefühle mich an einen Ort banden, ich wollte herausfinden, ob meine Mutter noch lebte, ob sie mir helfen kann mit diesem Fluch zu leben. Gefunden habe ich sie nie, aber andere, die mir erklärten, warum es mir wie ein Fluch vorkam, was ich tat. Ich war ihre Tochter, aber auch die eines Menschen, ich trug ihr Erbe und seines in mir, sie muss ihn wirklich geliebt haben, dass sie mich gebar... .

Ich konnte die Menschen nicht leiden sehen, konnte ihnen nicht antun, was ich tat, ohne selbst dabei Schmerzen zu erleiden.

Oftmals flüchtete ich wieder aus den Orten, konnte mich nicht binden und fürchtete was geschehen würde, wenn ich es doch einmal tat."

Ihre Geschichte zu erzählen schien sie wirklich viel Kraft zu kosten

Aber gefunden habe ich meine Mutter nie, Andere, die so wie ich waren, habe ich kennen gelernt, bei ihnen konnte ich nicht sein, bei den Menschen wurde ich auch nicht glücklich. Die Anderen, die so waren wie Mutter, sagten ich wäre zu menschlich, würde zuviel empfinden bei dem, was wir taten,

Ich hätte mehr Dämon sein müssen, um bei ihnen Achtung zu finden, aber ich bin kein Dämon, doch genauso wenig bin ich ein Mensch.... .

Holprig war der Weg, auf welchem die Kutsche fuhr. Die junge Frau in der Kutsche wurde ordentlich durch geschüttelt, den Fahrer schien dies aber nicht zu interessieren, er hatte sein Geld bekommen und sollte lediglich das Mädchen sicher dorthin bringen, wo sie einst gelebt hatte, eine Ruine war das Anwesen, wo er sie hinbrachte, aber all das war dem Kutscher gleich, er wurde nicht dafür bezahlt, dass sie sanft irgendwo ankam oder ihre seltsamen Vorstellungen von dem Ort wo er sie hinbrachte stimmten. Es hieß dort habe vor sehr lange Zeit ein reicher Mann gewohnt der erst seine Frau verlor und dessen Tochter schließlich fortzog und ihn alleine zurück ließ, der Adelige zerbrach an dem Verlust, Reichtum und Glanz des riesigen Anwesens schwanden und so vergaßen die Menschen auch, wie hübsch die Tochter gewesen sein soll, jene, die all den Männern den Kopf verdrehte…

So hielt die Kutsche, den verzweifelten Schrei der jungen Frau hörte der Kutscher schon nicht mehr, und so blieb sie alleine zurück.

Sie schritt durch das Anwesen, Efeu überwucherte die Steinplatten, auch das Haus war überwuchert, und doch lief sie weiter, betrat das Haus, die Möbel waren von einer dicken Staubschicht überzogen nur das hinterste Zimmer, gleich neben dem Dienstboteneingang wirkte noch bewohnt und so setzte sie sich und wartete, wer hier wohl wohnen würde. Eine alte Frau war es…

Und so erzählte sie ihre Geschichte weiter…

Und so kehrte ich hierher zurück, doch wie ihr seht hatte ich kein Glück… ich habe alles verloren was ich einst geliebt, nicht mal die Liebe meines Vaters noch blieb. Nur eine Ruine ist noch geblieben, so wie das Haus zerfallen, bin auch ich vergangen… nichts wie es einst war…

Die Ruine

Von außen wirkt sie stark,
spuren des Verfalls sind kaum sichtbar,

eine dunkle Aura umgibt den Ort,

nur wenige nähern sich ihr,

so bedrohlich scheint sie.

Die wenigen Menschen,

die in sie dringen,

erwartet ein Bild des Schreckens,

nicht übersehbar der Sturm,

der hier wütete,

wer erst so weit vorgedrungen,

läuft in Gefahr verletzt zu werden,

so zerbrechlich erscheint sie,

der Verfall scheint hier weit fortgeschritten,

nichts von der Illusion der Fassade,

die so stark zu sein schien,

nur noch zerbrechliche Reste

die den Glanz verloren.

Die einzelnen Räume künden von

Vergangenem.

dem früheren Glanz,

den sie einst Verlor,

in dem unendlichen Kampf gegen den Sturm,

der in ihr wütete,

und den sie verlor.

Danach wandte sich die junge Frau ohne weiteres einfach ab, um so länger sie erzählt hatte, um so mehr Worte sie gesprochen hatte, um so stumpfer schien ihr Haar zu werden, auch ihr Blick flackerte, die Augen wirkten fahl…

Und so verschwand sie aus der Welt in der Nichts mehr sie hält, hatte sie nun einen neuen Weg gewählt…

Der sanfte Tod

Eine engelsgleiche Gestalt wandelt durch die dunkle Welt, die in der Nacht, ihren Atem anhält. Ein sanftes Lächeln, leuchtet im bleichen Gesicht, nur Liebe zeigt sie, Hass kennt sie nicht. So wandelt sie weiter, behütet der Unschuld`gen schlaf.

Niemand sie jemals boshaft handeln sah.

So streicht sie zärtlich, mit gar zierlicher Hand, übers zarte Seelengewand. Voller Sanftmut, trägt sie davon, die Seelen derer, die nur mit schrecklichen Schmerzen, noch leben können.

Und sind sie verschwunden, so ist doch gewiss, egal wie sehr man die Geliebten vermisst, sie wurden dorthin getragen, wo Liebe ist... .

Für Mandy

Wenn die Welt still ist,

und ein jeder den Atem anhält,

dann kannst du sie hören,

die kleinen Feen, die das Glück zu uns

bringen,

die dir den Weg leiten, aus dem Dunkel

hinaus,

und wenn du's geschafft hast,

dann denk an ihr Licht,

egal wie oft, ein Traum auch zerbricht

Freundschaft

Einsam saß sie auf einer Lichtung, aber wo sollte sie schon hin, war sie sich doch nicht darüber im klaren, was sie denken sollte, denken wollte… Sie hatten über Freundschaft gesprochen, er hatte nicht gemerkt, dass sie ihm längst schon ihr Herz geschenkt hatte, sagte, er hätte keine Freunde, aber wie sollte sie es einfach akzeptieren? Sie spürte seine Einsamkeit so tief, verglich ihn mit sich selbst, wie sie einst gewesen war, damals, als sie Gefühle noch nicht in ihr Herz lassen wollte, aber wie konnte sie ihm zeigen, was er ihr bedeutete?

Wie sollte sie ihm, in den winzigen Momenten, denn zeigen, dass sie wirklich für ihn da sein wollte, es nicht nur leere Phrasen sein sollten?

So saß sie still da, Tau bedeckte die schillernden Flügel der kleinen Fee, die Blüten der Blumen waren noch geschlossen, die Welt war noch still, bald aber würden sie alle erwachen, sich Niemand Gedanken darüber machen, wie wenig Gefühle es doch gab in der Welt, und wie schwer es war eine Freundschaft zu schenken, die wirklich auch hält.

Doch mit den ersten Sonnenstrahlen erhob sie sich, um Liebe zu tragen in die Welt…

Danke

Danke will ich sagen,

doch wo fang ich an?

Wie danke ich für all das,

was du für mich getan?

Nie hast du gezweifelt,

du warst immer da,

hast mir geholfen,

egal was auch war,

hast mehr gesehen,

als jeder andere sah.

Drum will ich dir danken,

und hoffe du weißt,

dieses Band zwischen uns,

niemals zerreißt.

Rosen

Vor langer Zeit, als die Götter noch mit den Menschen gemeinsam lebten wurde eine wunderschöne Frau aus den sanft schäumenden Wellen des Meeres geboren, Arianrod, ob sie Göttin oder Mensch war, man weiß es nicht, doch ihre Schönheit war gleichwohl bei Menschen und Göttern bekannt, so zog die junge Frau hinaus in das Land. Liebe zu suchen zog sie aus.

Und so fand sie einen Mann, der mit feuriger Liebe die Schöne an sich band.

Doch wie es kommen musste, auch ein Gott begehrte die schöne Frau, er eine Blume für sie fand, die rose Lilie als Zeichen der Reinheit der jungen Frau.

Doch durch die feurige Liebe, die sie mit ihrem Mann verband, er voller Eifersucht Arianrod mit dem Gott im Wald fand.

Er versuchte zu töten den Gott in seiner Raserei, doch der Gott war gütig, schenkte ihm das Leben, Arianrod verlor vor Angst fast den Verstand, stach sich an einem der Dornen, das Blut sich mit der weißen Rose verband.

So ist die weiße Lilie der reinen, doch platonischen Liebe, die rote von da an sich die Liebenden schenken, dem feurigen Mann Arianrods zu gedenken…

Die Einschlafprobleme des Kaktus

(Überarbeitet)

Niemand sieht es, wenn die Blumen schlafen gehen, wenn die Sonne längst schon untergegangen ist, vereinzelt hört man sie noch miteinander sprechen: "Gute Nacht meine Süßen." Das war die Lilie, sie glaubt die Schönste zu sein. "Schlaft gut." Leise und zaghaft erklingen die Vergissmeinnicht, die neben dem Zaun stehen.

"Schon wieder so spät? Können wir nicht auch in der Nacht blühen? Ach wäre ich doch nur etwas anderes" jammert ein großer Kaktus. Leises Gelächter der anderen Blumen ist die Antwort. Bald wird alles still, leise hört man nur noch einige wenige miteinander tuscheln, doch irgendwo scheint eine Blume zu weinen. "Aber was ist denn?" fragt die

Tulpe, die bei allen Blumen des Gartens für ihr liebevolles Wesen bekannt ist. "Ach es ist nichts, ich fürchte mich nur so vor dem schlafen," schluchzt der Kaktus. "Aber dafür hast du doch gar keinen Grund, hier ist doch alles friedlich." "Ach, hast du eine Ahnung, wenn ich schlafe, dann bin ich wieder in diesem Laden, dann bin ich wieder so winzig, so unscheinbar, und alle um mich herum blühen und sind so wunderschön, die Menschen sehen die anderen, die hübschen Blüten, nur ich, ich bin anders. Alle lachen über mich, niemand mag mich," weint der Kaktus. "Aber wir mögen dich. Sieh doch mal, du gehörst zu uns, und auch wenn wir immer tagsüber blühen, und du nie. Die Menschen scheinen dich zu lieben, immer sehen sie dich so bewundernd an, nie wirst du von einem Ball getroffen. Die Kinder werden ermahnt vorsichtig zu sein, wenn sie in deiner

Nähe sind. Sieh doch mal die schönen Seiten im Leben." Da fing der Kaktus an nach zu denken, doch voller Zweifel spricht er weiter: "Aber die Lilie, lacht doch auch immer über mich." Als die Lilie das hörte fing sie an zu kichern: "Ja, du siehst doch auch schrecklich aus, hihi." "Da hörst du es." Leise spricht die Tulpe weiter, "aber du magst die Lilie doch auch nicht, und ihr müsst euch auch nicht mögen. Höre nicht auf ihr Gelächter, wenn du glücklich bist, bist du schöner als sie. Ihr seid so verschieden, lass dich nicht von ihren Worten treffen" Wieder dachte der Kaktus nach, und er sah ein, wie recht die Tulpe doch hatte. So schlief er zum ersten mal seit langer Zeit wieder ruhig ein. Als schließlich nachts die Menschen nach Hause kamen, denen der Garten gehörte, war ihre Freude groß, denn der einst so winzige Kaktus trug nun für diese eine Nacht eine wunderschöne Blüte. Und sie zeigten es allen, ihre Königin der Nacht, war endlich erwacht.

So musste auch die Lilie gestehen, diese Blüte war wunderschön. Niemand mehr lachte, Niemand mehr schimpfte über den Kaktus nun, so wuchs er weiter würde sicher wieder erblühen.

Die kleine Prinzessin Luisa

Es war einmal die kleine Prinzessin Luisa.

Am liebsten zog die kleine Prinzessin rosa Kleider an und spielte mit ihren Puppen.

Den Puppen zog sie auch Kleider an und nahm diese überall mit hin in ihrem großen Schloss. Manchmal hatte Prinzessin Luisa auch Besuch, dann gab es Kuchen und jeder konnte so viel essen wie er konnte.

Als einmal die Sonne strahlte spielte die kleine Prinzessin mit ihren Freundinnen in dem großen Garten hinter dem Schloss. Auch ihre Lieblingspuppe hatte sie mit hinausgenommen. Diese saß nun in der Sonne auf einem Stuhl und die Prinzessin schaukelte mit ihren Freundinnen immer höher, so hoch sie konnten.

Als es Abend wurde gingen die Freundinnen nach Hause. Die kleine Prinzessin aber ging zum Abendessen zu ihren Eltern.

Die Königin hatte Prinzessinnen-Nudeln gekocht, das Lieblingsessen der kleinen Prinzessin Luisa. Nach dem Essen ging Luisa ins Bett, an ihre Puppe dachte sie diesen Abend nicht mehr.

Am nächsten Morgen war die kleine Prinzessin ganz aufgeregt, ihre Lieblingspuppe mit dem rosa Kleidchen war verschwunden. Alle halfen ihr zu suchen, der König, die Königin, und sogar der königliche Hund suchten die Puppe. Ganz traurig erzählte die Prinzessin ihren Freundinnen, dass die Puppe verschwunden war, aber auch die wussten nicht, wo sie suchen sollten.

Traurig ging die Prinzessin hinaus in den Garten und fand dort…

… ihre Lieblingspuppe.

Noch immer saß sie dort in der Sonne.

Alle im Schloss freuten sich mit der Prinzessin. Und weil sich Prinzessin Luisa so sehr freute, gab es für alle Kuchen.

Und wenn sie nicht gestorben sind, so essen sie noch immer Kuchen und spielen mit der Puppe der kleinen Prinzessin Luisa.

Johanna und das Einhorn im Wald

Vor einiger Zeit ging Johanna im Wald spazieren. Sie kam gerade vom Reitunterricht und weil das Wetter so schön war, wollte sie noch nicht nach Hause.

Wie sie dort so spazieren ging hörte sie ein seltsames Geräusch. Erst glaubte sie, dass es ein Pferd war. Aber ein Pferd im Wald? Nein, so etwas gab es doch nicht.

Also ging sie weiter. Da war aber wieder ein Geräusch. Es klang wie das Wiehern eines Pferdes. Johanna sah sich um.

War da wirklich ein Pferd? Sie verließ den Weg und fing an das Pferd zu suchen. Bald stand sie auf einer Lichtung. Überall waren Blumen und Schmetterlinge. Komisch, hier war sie noch nie gewesen.

Ein Pferd sah sie aber nicht. Was war denn da drüben im hohen Gras?

Ein heller, leuchtender Fleck .

Vorsichtig ging Johanna näher, wieder hörte sie ein leises Wiehern. Aber wieso leuchtete es so? „Keine Angst ich tu dir nichts.", sagte sie. Ängstlich sah das Tier sie an. Was hatte es denn da auf der Stirn? Ein goldenes Horn?

Das Tier hob den Kopf und blickte Johanna aus großen sanften Augen an. Jetzt sah sie auch was es war: „Ein Einhorn" rief sie laut. Dann ging sie noch ein wenig näher an das Pferd heran und streichelte es. „Gut, dass ich Sina nicht mitgenommen habe" dachte Johanna. Der Hund hätte bestimmt das Einhorn verscheucht. „Du gehörst nur mir mein Kleiner" freute sie sich. Als das Einhorn aufstand erkannte sie, dass es sogar einen Sattel hatte, schnell stieg sie auf und sie ritten stundenlang durch den Wald.

Als es Abend wurde ging Johanna wieder nach Hause. Von ihrem neuen Freund dem

Einhorn erzählte sie Niemand, aber wenn sie mal Zeit hat geht sie in den Wald, um das Einhorn zu besuchen.

Lydia – die Zirkusreiterin

Heute war Lydias besonderer Tag, endlich durfte sie allen zeigen was sie konnte. Ganz aufgeregt war Lydia, alle würden zusehen, so viele wollten in den Zirkus kommen um zu sehen wie Lydia voltigieren würde.

Lydia war nämlich eine kleine Circus-Artistin, immer übte sie fleißig ihre Kunststückchen und heute Abend durfte sie diese auch endlich allein zeigen.

Lydias Pony war auch schon ganz aufgeregt, immer wieder ging Lydia in den Stall um es zu beruhigen, brachte Möhren und andere Sachen mit.

Dann aber fand sie es nicht mehr, das Pony war verschwunden. Was sollte Lydia denn jetzt tun? Ohne ihr Pony konnte sie doch nicht auftreten. Schnell lief sie raus, fragte die Clowns, aber die hatten ihr Pony nicht gesehen, bei dem Löwendresseur musste Lydia nicht fragen, da würde sich ihr Pony bestimmt nicht hintrauen, aber wo konnte es nur sein?

Überall suchte Lydia bis sie schließlich wieder in den Stall kam, leise hörte sie irgendwo etwas wiehern, sie ging hinter die großen Strohballen, und wen fand sie dort?

Ihr Pony, es hatte sich dort versteckt weil es so aufgeregt war und Angst hatte, dass es etwas falsch machte bei dem Auftritt.

Lydia freute sich, dass sie ihr Pony gefunden hat und drückte dieses ganz fest und dann ging es auch schon los, die Beiden mussten hinaus in das Zirkuszelt.

Lydia war so aufgeregt, doch als sie da all ihre Freunde sitzen sah fing sie an, alle fanden Lydias Kunststücke so toll, dass sie gar nicht aufhören wollten zu klatschen und

Lydia von nun an immer im Zirkus reiten darf.

Lydias Pony ist nun auch gar nicht mehr aufgeregt und versteckt hat es sich auch nie wieder.

Kleiner Engel

So vieles ist geschehen, kleiner Engel, glaubst
du nicht, du solltest hoch sehen zum Licht,
damit du die Liebe nicht irgendwann mal
vergisst? Ich weiß es ist schwer, doch glaube
mir, egal was geschieht, ich bleibe bei dir.
Du bist so oft schon gefallen, doch nie warst
du allein, und auch dieses mal wo du wieder
bist dort am Boden, möchte ich weiterhin bei
dir sein. Nie werde ich vergessen, wie wir
lachend die Welt neu erfanden, nichts gab es,
was uns je hat widerstanden. Sogar
schlafende Hunde, konnten Grund unseres
Gelächters sein. Wo ist es hin, dein sanftes
Lachen? Sagten wir nicht, gemeinsam würden
wir alles schaffen? Nimm meine Hand, ich
halte dich fest, ich bin die schöne Erinnerung,
die dich niemals verlässt.